GRAÇA LIMA

ABARÉ

Dados Internacionais de Catalogação na Publicação (CIP)
(Câmara Brasileira do Livro, SP, Brasil)

Lima, Graça
Abaré – São Paulo : Paulus, 2009. -- (Coleção Imagem da Palavra)

ISBN 978-85-349-3022-2

1. Livros infantis ilustrados I. Título. II. Série.

09-04830   CDD-741.642

Índice para catálogo sistemático:
1. Livros infantis ilustrados 741.642

Direção editorial
Zolferino Tonon

Coordenação editorial
Jakson Ferreira de Alencar

Editoração, impressão e acabamento
PAULUS

Seja um leitor preferencial **PAULUS**.
Cadastre-se e receba informações
sobre nossos lançamentos e nossas promoções:
paulus.com.br/cadastro
Televendas: **(11) 3789-4000 / 0800 016 40 11**

1ª edição, 2009
5ª reimpressão, 2024

© PAULUS – 2009
Rua Francisco Cruz, 229 • 04117-091 – São Paulo (Brasil)
Tel. (11) 5087-3700
paulus.com.br • editorial@paulus.com.br

ISBN 978-85-349-3022-2

ABARÉ SIGNIFICA AMIGO
EM TUPI-GUARANI

PARA OS ABARÉS ROGER E AGYCÉ

ABARÉ significa amigo em tupi-guarani, uma das línguas indígenas no Brasil. Neste livro, que mostra um dia de aventuras de um menino indígena e seus inúmeros amigos, decidi homenagear os indígenas Matis. A primeira vez que ouvi falar deles foi quando meu filho mais velho entrou para uma escola com nome indígena, Oga Mitá, que significa "casa de criança", e as turmas eram divididas por tribos. A turma dele era a Matis. Os indígenas Matis são conhecidos como o povo onça, por seu ritual de caça em que pintam o rosto como se fossem onças. A língua dos indígenas Matis vem da família linguística *pano*, que é formada por 29 línguas diferentes. Os primeiros contatos com os Matis foram feitos no final da década de 1970. Eles são muito interessantes com seus mitos e suas pinturas corporais. Embora cultivem pequenas hortas, são essencialmente caçadores e especialistas na caça com zarabatana. Os indígenas têm um grande amor pela floresta e pelos animais que nela habitam. Para eles, todos são abarés.
E o seu abaré? Quem ou o que é?

Graça Lima

Sobre a autora e ilustradora

Graça Lima é carioca, formada em Comunicação Visual pela Escola de Belas Artes da UFRJ, com Mestrado em *Design* na PUC-RJ. Ganhou vários prêmios com seu trabalho de ilustração. Entre eles os da FNLIJ, *Prêmio Luis Jardim*, *Prêmio Malba Tahan*, *Prêmio O melhor para o Jovem* e muitos *Altamente Recomendável*. Recebeu em 1982 e 1984 o *Prêmio Jabuti* da CBL. Fora do Brasil, recebeu três vezes a Menção *White Ravens* da Biblioteca de Munique na Alemanha. Alguns de seus trabalhos já viajaram por outros países e foram publicados em catálogos internacionais, como o Catálogo de Ilustradores da Feira de Barcelona, na Espanha; o da Feira de Frankfurt, na Alemanha; o Catálogo da Feira de Bratislava e o Catálogo *Brazil a Bright Blend of Colours,* feito pela FNLIJ para divulgar o trabalho dos ilustradores brasileiros. Há mais de 100 livros com desenhos seus, sendo que 6 deles são livros de sua inteira autoria.